TEORÍA
DE LOS PLANETAS

Javier Barba

COLECCIÓN ITES

TEORÍA DE LOS PLANETAS

© Javier Barba Regidor
© Corrección: Isabel Caballero
© de esta edición: Olé Libros, 2025

ISBN: 979-13-87620-32-5
Depósito legal: V-1071-2025
Impreso en España

KALOSINI, S. L.
Grupo editorial olélibros
equipo@olelibros.com
www.olelibros.com

A la esperanza.

*Al deseo de que la paz en la humanidad
se alcance a través de la paz que el mismo hombre
sea capaz de otorgarse a sí mismo.*

*Y para que la muerte no consiga jamás
cegar al hombre en su lucha por alcanzar las estrellas.*

... y clamaban a gran voz, diciendo:
«¿Hasta cuándo, oh Señor santo y verdadero, esperarás para juzgar
y vengar nuestra sangre de los que moran en la tierra?».

APOCALIPSIS 6, 10

PUESTA EN CONTEXTO

Este poemario ve la luz en papel impreso tras hasta tres décadas de existencia callada en carpetas olvidadas dentro del disco duro de mi ordenador.

Son versos de otra época de mi vida personal y de mi vida como escribidor de poemas, versos forjados en circunstancias en las que tanto mi edad física como el mundo eran bien diferentes a lo que hoy soy yo y lo que él es.

Son versos que anteceden a los que forman parte de la primera colección que decido publicar, los versos de *Historia del universo*, autopublicado en 2016 y destinado a ser presente personal a amigos y colegas que tanto y tan bien me brindaban entonces su amistad y su colaboración en mi etapa como gestor docente.

Este libro, de título con supuestas pretensiones cosmológicas, aborda un universo poético que nace con un cierto lirismo y acaba en un *Big Crunch* formal que coincide en el tiempo con la eclosión de los terribles acontecimientos del terrorismo de Oriente Próximo, del Norte de África y de sus ramificaciones en Europa, América y el Sudeste Asiático.

A raíz de esos sucesos, nacen los *Poemas para recitar en silencio*, publicados en 2022 por Platero Coolbooks, para invocar a esa Paz que tantos estaban empeñados en hacer impedir que se hiciera realidad...

Hay, pues, un orden de publicación que no coincide con el cronológico de su concepción. *Teoría de los planetas*, este libro, que es el tercero en ser publicado, es el primero en haber sido concebido. Y hay que reconocer que ha sido el interés de Olé Libros el que, por una de esas casualidades de la vida, ha permitido que pudiera ser rescatado del olvido y se diera a conocer.

Muchas gracias por vuestra atención y vuestra indulgencia. Espero que, si es posible, podáis encontrar el interés poético que estos versos pudieran tener...

Enero de 2025

DESDE EL PRINCIPIO

Teoría de los planetas sin seres humanos vagando por sus confines más íntimos.

Teoría del universo, de ese big-bang particular concebido en el tiempo cero. Desde el que el hombre habría de encontrar su posición en la línea de salida de la carrera sideral de su propia historia. Sin más tiempo ni más voluntad para llegar a la meta que los que la sangre deja.

Teoría del desencanto desde la vanagloria estúpida que nos hace tan especialmente vulnerables cuando las cosas nos vienen torcidas.

Teoría de la soledad. De la perpetua ansiedad de las horas muertas, de los paisajes vivos que decaen al sol, que se dejan quemar por la primera chispa de la tormenta.

Teoría del planeta herido y de la galaxia perseguida por ansias de conquista. De la humanidad denostada y de la fraternidad desconocida.

Teoría de la verdad y de la mentira. De las mismas verdades y de las mismas mentiras con que construimos nuestra historia personal a la sombra de la clepsidra.

Teoría del conflicto y del apremio. De la guerra y de la paz. De la dicotomía con que se mueven las horas, con que la mente juega en brazos de esa angustia vital que forja esta manera de ser y hacer al hombre gota a gota, pulso a pulso.

Teoría del hombre al fin. De ese hombre mecido por el soliloquio cósmico de las estrellas, a solas con ellas, a solas consigo mismo.

Teoría del hombre embrutecido por su futuro incierto, por el temor al más allá, por la furia de las mareas, que lo arrastran todo, que lo acaparan todo.

Teoría de ese pequeño payaso que se contempla en el espejo de los demás. De ese vulgar remedo de la congruencia, que solo ve la indigencia de aquéllos con los que nunca quiso compartir ni el techo ni la dignidad, ni el pan ni el sueño.

Teoría del hombre, elevado icono sobre el altar irreverente de cada mañana en el perfil herido del horizonte.

SONETOS HETERODOXOS

No salgo a pasear porque no quiero
mirar alrededor y ver tristeza.
La calle es torbellino que arrebata
y deja desconsuelo en su zozobra.

No hay niños que dibujen en su frente
la ardiente algarabía de sus años.
La calle se ha quedado descompuesta,
sin luces que iluminen su mañana.

Hay pena, soledad y un llanto íntimo
que deja en su dolor un poso amargo.
La calle es un volcán que desconcierta.

Y ruge vehemente. Y amenaza.
Y, en medio, la indolencia la sostiene.
Y el hombre, en su miseria, la amamanta.

¡Que no levante nadie aquí su voz!
¡Que no te me levantes ni rebeles!
¡Que todos, acallados cual peleles,
se dejen arrastrar ebrios de arroz!

Que, esclavos de un tirano tan atroz
que el hombre ha coronado de laureles,
no somos sino un poso en nuestras hieles
de ver resucitadas yugo y hoz...

El vago despertar de las conciencias
será un día bandera y metralleta
que habrá de confundir a esa trompeta

del hambre, la injusticia y la indigencia.
Que ya está bien de darle la anuencia
a tipos que nos ponen la muleta...

¡Cuánto te queda aún por recorrer,
pobre caminante, por los roquedos!
La vida te reserva largas noches
tras la cortina amable de tus sueños.

¡Cuánto te queda aún por conquistar,
pobre guerrero! Que tras la esperanza
se oculta una clara realidad
y muestra a pleno sol tus pobres armas.

¡Quién sabe lo que guarda tanta furia
detrás del ajetreo de la vida!
¡Tanto pelear a muerte, acaso

morir en el camino, en la batalla
quedar abandonado a tu destino,
y no llevarte nada al otro mundo...!

Hay algo de terrible en la esperanza,
que ciega y que da fuerzas y que deja
un poso de amargura en nuestras vidas.
Hay algo tan extraño que sugiere

que nada hay de valor, que todo es vano.
Yo miro alrededor y solo veo
la angustia del que sufre y la opulencia
del necio vividor, veneno, fiebre...

A ras aquí del suelo, me consume
la rabia de saberme miserable.
Que nunca sé qué hacer, que nada hago

por ver que la injusticia es un mal sueño.
La sombra de estos tiempos tan crueles
es solo un fuego fatuo y desespera...

No hay sombra en este mundo miserable
ni gracia ni fortuna que el silencio
que queda tras la estela de la muerte
la luz de las conciencias no destape.

La guerra, celebrada en los despachos,
se yergue por los campos de batalla.
Se instaura la locura y, enseguida,
se inicia el vendaval de refugiados

que, huyendo de la furia de las balas,
habrán de ser fiel pasto de sí mismos.
Y, al cabo de la historia que les forja,

la estrella de los hombres nos descubre
la trágica verdad que los consume:
la falta de unidad con sus hermanos.

La Luna se despierta cada noche
y mira a las montañas y solloza.
Abajo en las llanuras, un hechizo
mantiene cabizbajo al horizonte.

El hálito agotado de la historia.
La sangre de los muertos por las guerras.
El mal, la enfermedad y la injusticia.
La rabia cotidiana de las calles.

Del hombre nada queda en estos campos,
antaño tan gallardos y discretos.
La sangre de esos hombres ha labrado

regueros de dolor y tanta angustia
que el sueño complacido de Occidente
nos muestra como tiernos miserables.

Es cómodo sentarse a ver la tele
—la sala a media luz— y, en la canícula,
la jarra de cerveza rebosante
calmando nuestra sed de media tarde.

No hay nada como estarse así, dejado
en manos de esa paz que se respira
en medio del enjambre de electrones
que cruza por delante de los ojos.

Tan solo encuentro un pero en ese estado
feliz de postración, de no hacer nada.
Que, apenas se ha encontrado la cadena

capaz de solazarte, te disparen
imágenes de guerras, de epidemias,
de muertes, de masacres, de miseria...

Señor, que cada día me despiertas
dejándome llenar con tu Palabra,
que insistes con llenarme de esperanza
la necia vanidad, la vida incierta;

que dejas deslumbrada el alma y llegas
alzándote en la forma consagrada,
no mires estas culpas confirmadas,
sino mis manos trabajadas y sus penas.

El pan que cada día nos ofreces,
Señor, en esa ostia bendecida,
me deja el corazón ilusionado

por ver la paz llenando las paredes
de un mundo como este, que camina
de espaldas a tu cuerpo ajusticiado.

No es fácil para el hombre huir la muerte.
En ello uno se juega la esperanza
de ver detrás del túnel del mañana
la luz del nuevo día como siempre.

Te clavan en el pecho de alfileres.
Te queman en los dedos con la llama
de vanos soliloquios que se callan
la cruda realidad de lo que eres.

Te miras al espejo y no ves nada.
Tan solo un espejismo te entretiene.
Mirando alrededor todo te hiere

y lloras tu dolor de salamandra.
Y, en medio del silencio de tu alma,
te vuelves hacia Dios y Él te sostiene.

Yo busco en esta vida no sé qué.
Me falta en esta vida no sé cuánto.
Y quiero que la vida me dé tanto
que apenas sé si soy lo que he de ser.

Me tiemblan estas manos sin querer
al ver a tanta gente suspirando,
y, en medio de la angustia y del espanto,
saberla impunemente padecer.

Entonces, me rebelo contra mí
y lloro mi actitud insolidaria.
¡El mundo es tan injusto y tan huraña

la forma de mirarse en el ombligo,
que, al fin, en su injusticia te enmaraña
y niega en su razón tu desatino!

Anda la muerte rondando estos barrios
que son hogar de pobres miserables
—fanáticos donceles de arrabales
perdidos en el pozo del erario—.

La vida les dejó dolor y agravios
y nada les importa en sus cabales
saber que ni la muerte ya les vale
ahora en esta hora del desánimo.

Terrible soledad la de estas gentes
que forja cada día la injusticia
—¡quién sabe lo que busca con pericia

la muerte, que les ronda austeramente!—.
Al fin, su sombra impune los convierte
en siervos por igual de su justicia.

...Y ya no soy sin ti sino tu suelo.

PABLO NERUDA

Deja aquí reposar tu blanco sueño.
La luna de tus ojos, que me miran,
se cierne sobre el beso y la caricia
cual eco de mi pecho hacia tu pecho.

Déjame ser sombra tuya, inquieto
colibrí en torno a ti; furia, vida
para correr por esa maravilla
que anima cada esquina de tu cuerpo.

No quiero que me dejes a estas horas.
Me gusta que te duermas en mis brazos.
Mirarte, acariciarte y ser acaso

cobijo de tu sueño y de tu boca.
Descansa aquí, mi amor, que quede toda
la noche ante los dos, enamorados.

OTROS POEMAS

Poesía

Esa fábula del tiempo,
escrita sin ton ni son,
que deja versos y estrofas,
vida y muerte alrededor,
hastío empeña en la sangre,
místicas vanas, dolor.

Lúcidas formas, escritas
a modo de borrador,
que llenan cuartillas blancas
de un tibio flujo de amor
por esa historia amarrada
a pálpitos del corazón.

Palabras. Solo palabras
para buscar el rincón
más escondido del alma
donde reposa mi yo.
Palabras, cumbres del tiempo.
Silencios. Desolación.

Poesía. Tan de repente,
tan meditada. Razón
de más para hurgarla
con delicada pasión,
para crear formas, ritmos,
para llevar en la voz.

Versos puros, tan asépticos
que en su lirismo mejor
cantan un mundo apacible
que no conoce pudor,
que donde hay dos hombres juntos
hay llanto, rabia y dolor.

SANTIGUO

Una señal
con los dedos:
frente,
pecho,
extremos hombros
—el corazón, en medio—,
para abarcar la extensa
condición de lo eterno:
Las cuatro esquinas del mundo
bajo la furia del tiempo.

Pasa la vida, herida,
casi dormida, en silencio;
sin sangre apenas
alimentando a los cuerpos.
Una señal bastará
bajo la lluvia de enero.
Un signo extraño
para estos tiempos modernos.
Los corazones, los ojos
seguirán mirando a lo lejos:
para perderse a la sombra
de los cerezos.

Una señal: bien erguidos,
brazo tendido; los huesos
y los músculos
con esa tensión de lo incierto,
de lo mudable,
del esplendor pasajero.
Solo un signo con las manos.

Con los labios, solo un gesto.
Y con el alma apagada
por el peso del silencio,
la fuerza de ese Dios
al que rezas pordiosero,
que hace de nuestras vidas
una carrera, un tormento.

Un aplauso.
Un desconsuelo.
Una esperanza.
Y, acaso, un secreto
guardado a voces.
Un sueño.

Esa señal
con los dedos
—frente,
pecho,
extremos hombros,
del izquierdo hasta el derecho—
para abarcar la extensa
condición de lo eterno:
las cuatro esquinas del mundo
bajo la furia del tiempo.

Colibrí

Cuerpo de arcilla. Barro
moldeado por la intemperie
que acaricia tu silueta.
Insumiso colibrí de las alturas
vanagloriadas de los sueños.
Siempre revoloteando.
Sin parar. Siempre libando
el néctar de la propia imagen.
Catapultándote por entre las espesuras
de ese mundo atroz en que te coronas.
Te pareces al vano y confundido
espíritu de la libertad y de la ambrosía.

La sombra de tu estirpe te hace hermoso,
pasajero inagotable de tus fantasmas
cotidianos. Te meces en la espuma
que el viento deja y cruzas con el viento
el horizonte abierto de cada día.
¡Cómo te creces sin cesar ante el esperpento
que el hombre deja! ¡Cómo tu vuelo
irrefrenable requiere el primer beso,
la primera sonrisa de la mañana!
¡Qué hermoso te ves requebrando las corolas
mientras en las quebradas la vida sigue,
mientras la muerte empeña su afán
en la suerte noble del tiempo que pasa y pasa...!

Cuerpo de arcilla. Alma
arrebatada por el tronar de las trompetas
al amanecer. Silencio acompasado
por la algarabía a la puerta de los colegios.

Siempre caminar. Solo caminar
—pies en tierra. Sólidamente armado
sobre tus huesos—. Siempre caminar.
De frente. De espaldas. Como desees
caminar cuando se caen los cielos
y te ciega la desesperación.
De nada te sirven los pedestales.

Se vienen abajo tus ensoñaciones
enfebrecidas a manos de la real cordura.
Y se quiebran las razones
que te mantenían de pie bajo las farolas.

Pero todo se va de pronto
entre lo oscuro. No llega el día.
No acaba de llegar el día.
No siente palpitar tu corazón.
Cierras los ojos y ves pasar la vida
por tu lado, por el lado de ese convidado
de piedra que eres entonces a tu pesar.
Y el eco deja de gritar tu nombre.
El eco acaso repita una y mil veces
la frase terrible del final del viaje.
Se parará tu tren en una estación anónima.
Y nadie saldrá a recibirte.
Estarás solo. Estarás —como nunca— solo.
Abandonado en el camino
que nunca quisiste tomar
que nunca pensaste abrir de par en par
a tus pies cansados. Y serás
más barro que nunca. Más arcilla
que la que el cielo llenara de tus vísceras.

De nada te habrá servido mirarte a los espejos.
Medir tu soberanía ante los pobres miserables
que aquí quedamos. Todo es barro al fin
y al barro tornas para alimentar
a los gusanos y a los escarabajos.
De nada te habrá servido volar tan alto.
Estirar el tallo de tu cuello.
Esquivar el tallo nervioso de las gramíneas.
Doblarás la esquina dolorida de la hermosura
y un día, como hay tantos,
la noche habrá de alumbrar al fin
el largo túnel de tu existencia.

Testamento

He venido a aprender
en qué se basa todo este entramado
de seres y de cosas
que somos.

Por qué caminamos sobre dos piernas.
A dónde vamos con ellas.
Por qué se hace tan largo el camino.
Por qué no hay áreas de descanso en la ruta.

Por qué nos detenemos muy de vez en cuando
a hablar con unos,
a callar con otros.
A reír con algunos,
a llorar con todos...

Por qué no conciliamos el sueño
a medida que el cansancio se va apoderando
de nuestra voluntad.

Por qué no basta el bastón
ni la piedra del recodo.
ni la caja fuerte donde habremos de dejar nuestros huesos
el último día.

He venido a aprender de todo eso.
Y de más. De mucho más.
En esta escuela de la vida hay que saber reconocer nuestra ignorancia.
Para suplirla con conocimiento que jamás valoraremos.
Para saber qué nos ha servido.

Quiero saber por qué la emoción nos invade
con el acto generoso y sublime de la entrega.
Por qué me repugna la bofetada.
O el tiro por la nuca.
Por qué un beso aparece como algo tan apetecido
y esquivo.
Por qué el abrazo de dos amantes me hace
desearlo en carne propia.

He venido a aprender de todo.
Y de todos.
De los que construyen torres y puentes.
De los que ponen bombas en los supermercados.
De los que abren túneles.
De los que escupen mierda para que otros la respiren.
De los que matan los gérmenes dañinos que nos minan y nos desangran.
De los que disparan sin control desde una azotea.
De los que se juegan su vida por ti o por mí.
De los que se aprovechan de ambos también.
De los que aplauden.
De los que abuchean.
De los que ayudan.
De los que ponen piedras en el camino.
De los que dicen ser leales y lo son.
De los mentirosos y tramposos
que han hecho de su egoísmo metralleta
cruel en los jardines públicos donde corren los niños y los perros.

He venido con el alma limpia.
Con el corazón roto por la soledad cósmica de este planeta contrito.
He venido para reconocer en cada punto y coma mi historia.
Y la historia no acabada de la civilización.
Del hambre.

He venido a una carrera de fondo sin fondo para pedir ayuda.
A que mi brazo se despierte para ser tendido a otros en esta lucha.
He venido a vivir.
A aprender de todo y de todos.
Como estos niños de doce años en pleno examen de Ciencias Naturales.

Aquí estoy.
Y no espero nada especial.
Ni quiero llegar a la estación alfa.
Ni bajar en el Alvin a la fosa de las Marianas.
Ni siquiera me preocupa el sol en Antequera.
Ni el eco de los sones de la flauta de Hamelín.
Me conformo con recorrer estos pasillos
de aula en aula.
Me conformo con respirar el aire yodado del Cantábrico
en medio de esta galerna brutal e inmisericorde.

Me dejo llevar la mano por ese ángel de la guarda
que va guiando mis pasos por el entramado
de esta vida
con la esperanza de que al dejarlo todo atrás
haya valido la pena.
El esfuerzo
de mirar alrededor y preguntarme si ha servido de algo.
Estar aquí.
Que a estas preguntas que quedan revoloteando por el aire
alguien, algún día,
pueda al fin darles una respuesta.

HOSPITAL

No existen las noches en el hospital.
Solo una extraña oscuridad con luces que se cuelan por las rendijas.

Hay apenas leves silencios entrecortados
por los ronquidos de quien consigue dormir.

                                      Dormitar
acaso.
            Y hay olor acaso a desinfectantes.
Y a orinas en los botellones para el control diario.

Existe en los hospitales un tiempo donde se para la vida
a tomar aire.
Y da resoplidos de angustia,
                     de hastío,
                               de cansancio.
Para no conseguir descansar ni una noche siquiera.
Existe en los hospitales un espacio para estar.
Simplemente para estar en manos de todos cuantos vienen a
         [auscultar tu estado tras la última intervención en tu bajo vientre.
Pero no para descansar.
Ni para cerrar los ojos y no volverlos a abrir.
Porque deseas estar así.
No ya para dormir.
Ni para morir.
Ni para ser objeto de manos y ojos que te escudriñan y vigilan los puntos.

No ya dormir. No.
Ni reposar una leve digestión líquida.
Hay espacio y tiempo locuaces donde no se profieren frases coherentes,
mensajes sensatos que una mente lúcida pueda comprender.

Tan solo extrañas palabras en código-máquina
para que los robots-cirujanos y los bisturíes-enfermeras
actúen con eficaz demostración para devolverte al mundo de los resucitados.

No existen,
          no,
                    las noches en el hospital.
Ni radios en la media noche cantando las proezas (y las miserias)
del deporte.

A veces,
          tan solo a veces,
                    suena un timbre.
O una tos.
Y alguien se moviliza por los pasillos
para atender al último moribundo de la jornada.

Están aquí

Están aquí.
Los viejos fantasmas están aquí.
Aquí siguen.
Agazapados.
¿Los ves asomar
por el horizonte de tus huesos?

Acechan como serpientes encendidas
por el calor de tu sangre caliente.
Con el apetito de esa inocencia
en que te escudas cada mañana ante el espejo.

Esos fantasmas de antaño siguen ahí.
Llevan tu mismo rostro,
tu mismo ceño,
el mismo empeño con el que cruzas el umbral de cada día
para seguir viviendo,
para seguir justificando tu verdad:
un sencillo sueldo de anhelos y desesperaciones cotidianas.

Ahí están tus fantasmas.
En tus manos.
En tus silencios.
En ese no decir nada por temor a las consecuencias.
¿No ves en ellos cómo el aire respirado
es tu mismo aire,
tus lágrimas, el sudor de sus afanes?

No eres nadie.
Como yo no soy nadie.
Acaso tu sombra escuálida en el atardecer de los
[enamorados en el parque de otoño.
No somos nadie.
No somos nosotros.
Somos ellos.
Nuestros fantasmas de siempre.
Quienes nunca pudimos ser.
Unos héroes de barro.
Modelados por esa cobardía que siempre ha movido al mundo.
La de aquellos que hicieron grandes las miserias humanas,
la de aquellos que nunca lograron iluminar de esperanza la vida
de los abandonados en la intemperie.

Aquí siguen.
Los viejos fantasmas siguen aquí.
Agazapados como siempre.
¿Los ves asomar
por el horizonte de tus huesos?
Ellos te han construido y ellos han decidido ya.
Tanto el dónde y el cuándo de tu vida sin sentido
como el cuánto de tu interés para la causa.
¡Sigue tú ahora sentado a la puerta de tu casa!
¡Sigue esperando!
¡Nada mejor para que sigas siendo un don nadie
y para que el mundo haga de ti un espejo
en donde mirarse sin despecho!
Mientras, alguien en tu nombre, juega por ti
en la ruleta de tu misma muerte.

PARQUE DE NIÑOS

(¿Quién dice que el mundo se acaba?)

—¡Carlos, aquí!
—¡El caracol está libre!

—¿Nos vamos a casa, nene?

(Campanas suenan a lo lejos;
las siete y media de la tarde,
que hienden los caminos de retorno
a las duchas
de niños sudorosos,
de niños enrabietados
porque se acaba la fiesta).

—¡Mira, se va por allí el tren!
—¡Niño, cuidado con el columpio!
—¿Por qué no miras?
—¡Deja el carro, que es del niño!
—¿Me dejas un poco el dinosaurio?

—Por aquí, ven por aquí.
El tobogán es un magnífico
escondite
(el niño mayor se esconde
y deja su culo-pañal asomar
en la cintura).

¡Niños!: que corren y saltan
para cansarse
como angelitos cargados de mala leche
al recoger los trastos camino de casa.

¡Niños!: que corren y saltan
para quitarse el único columpio libre
o el subeybaja que acaba de dejar de balancear
el último renacuajo que lo acaparara...

¡Tarde que pasa,
que se va quedando muda
a medida que van siendo
arrastrados
los
más
reticentes
astronautas
en el parque
sobre sus naves a ruedas
que son esas dos torpes extremidades
sobre las que caminan padres y abuelos
en el atardecer que languidece!

Queda atrás la embarazada,
que sueña y mira con estupor y cierta envidia.
Queda atrás la joven pareja,
que hace proyectos sobre papel mojado
para esa noche en ciernes.

Los dos abueletes que hablan —al sol que decae—
de esos nietos a doscientos kilómetros
que hace más de tres meses que no ven por casa.

Y esas palomas, que amagan el vuelo
cuando alguien cruza con gestos violentos
su brusco peregrinar en busca de una migaja
abandonada
de los bocadillos a media tarde.

Y, a lo lejos, como mudos testigos
de ese mundo que se resiste a morir entre los plátanos,
la fantasía levanta una muralla para seguir jugando,
entre sueños y ensueños propios,
a indios y a vaqueros.

ÍNDICE